Schwäbisch kochen

klassisch und neu

Autorinnen: Martina Kiel, Karola Wiedemann | Fotos: Michael Brauner

Inhalt

Die Theorie

Die Rezepte

Extra

Schwaben – das kulinarische Musterländle

Jeder mag die Highlights der schwäbischen Küche: Spätzle und Schupfnudeln, Maultaschen, Flädle und die vielen süßen Mehlspeisen aus dem Ofen. Tradition wird in Schwaben groß geschrieben, deshalb werden die besten Rezepte der Familie von Generation zu Generation weitergereicht. Die schwäbische Küche ist ländlich, deftig, schlicht und kommt mit wenigen Zutaten aus. Dafür wird aber mit viel Hingabe und Geschick gekocht. Sie werden sehen: Schwaben sparen – aber nicht an Qualität und Geschmack.

s'Ländle und seine Küche

Die Grenzen der kulinarischen Landschaften halten sich nicht an die Vorgaben der Politiker. So versteht man unter Schwaben den württembergischen Teil von Baden-Württemberg und den benachbarten Regierungsbezirk Schwaben in Bayern bis hin zum Schwäbischen Meer, wie der Bodensee genannt wird. Schwaben ist überall, wo man schwäbisch isst – und schwäbisch spricht. Die Landschaft Schwabens ist äußerst vielgestaltig: Weinberge, Streuobstwiesen und karge Äcker auf der Schwäbischen Alb stehen im krassen Gegensatz zu den saftig grünen Wiesen in Oberschwaben. Begrenzt von Schwarzwald und Odenwald öffnet sich im zentralen Neckarland der Blick über helle, weite und fruchtbare Ebenen. Schwäbische Wälder und Flüsse liefern beste Zutaten für den sonntäglichen Mittagstisch: Süßwasserfische und Wild. Auf den Fildern südlich von Stuttgart wächst das berühmte spitzköpfige Filderkraut, das hauptsächlich zu Sauerkraut eingeschnitten wird.

Völlig andere Bedingungen finden die Bewohner der Schwäbischen Alb vor. Weite Felder und Weiden bedecken die raue, leicht gewellte Hochfläche, die arm ist an Wald und Wasser und einen ernsten Charme ausstrahlt.

In dieser früher bettelarmen Gegend bestimmen einfache Produkte den Kochtopf. Die Hausfrauen mussten aus den wenigen Zutaten, die ihnen zur Verfügung standen, das Beste machen.

Neben Getreide wuchsen früher auf dem steinigen, nährstoffarmen Ackerland der Schwäbischen Alb nur noch Linsen in größeren Mengen. Von daher rührt die ungewöhnliche Kombination von Spätzle und Linsen.

In Oberschwaben nimmt das Milchvieh den ersten Rang ein, Käse und Quark sind die kulinarischen Konsequenzen daraus.

Und schließlich der Bodensee: Obst, Gemüse, Wein und Blumen sind die Markenzeichen dieser vom Klima begünstigten Ecke Deutschlands. Hier ziehen die Fischer Delikatessen der besonderen Art aus dem Schwäbischen Meer – von köstlichen Felchen bis zur Seeforelle.

1 *Ohne eine reichliche Vesper ist der Schwabe nur ein halber Mensch.*

Maultaschen: die schwäbische Antwort auf Ravioli?

Ein gewisser italienischer Einfluss auf die schwäbische Küche lässt sich nicht verleugnen. Teigwaren spielen in Schwaben eine so wichtige Rolle wie in keiner anderen Region Deutschlands.
Woher kommt es, dass die schwäbischen Maultaschen eine so große Ähnlichkeit mit den italienischen Ravioli haben und die schwäbischen Schupfnudeln aus der gleichen Teigmasse bestehen wie die italienischen Gnocchi? Die Antwort auf diese Frage bleibt im Dunkeln: Ob es die Staufenkaiser waren oder ob die Kaufleute der Ravensburger Handelsgesellschaft die Nudeln im 16. Jahrhundert ins Schwabenland importierten, ist bis heute ein Geheimnis.

»Guat gveschpert isch halb gschafft«

Ein großer Teil der schwäbischen Freude am Essen gilt der Vesper. Es dient gleichermaßen der Restaurierung von Körper wie Gemüt, stellt das innere Gleichgewicht wieder her, sollte dies verloren gegangen sein – was beim Schwaben selten vorkommt –, und gibt dem Tag die notwendige, sinnvolle Einteilung in Arbeit und schöpferische Pause. Auf das Vesper verzichten wird ein Schwabe nur unter Zwang. Nirgendwo gibt es eine so große Auswahl an Wurst wie in Schwaben, die sich entweder auf einem Vesperteller anrichten lässt oder zu einem schwäbischen Wurstsalat mit Zwiebelringen und Essig und Öl verarbeitet wird. Dazu darf dann auch die Laugenbrezel nicht fehlen, die in Schwaben ihren Ursprung hat.

Schwäbische Küche heute

Schwaben haben früher sehr einfach gelebt, weil es zu mehr nicht gereicht hat. Doch heute lässt man sich's besser gehen. Das alte Klischee von der sehr einfachen, aber deftigen Hausmannskost gilt also nicht mehr. Früher waren die Gerichte mächtiger, entsprechend der schweren körperlichen Arbeit. Heute isst man in Schwaben leichter mit mehr Gemüse und weniger Fleisch. Aufwändige Zubereitungen waren früher gang und gäbe. Doch wie überall können

2 *Spätzle in ihrer ganzen Bandbreite: lange, Knöpfle und geschabte*

auch in Schwaben die Köchinnen (und Köche) im Alltag nicht mehr stundenlang in der Küche stehen, Nudelteig ausrollen, Schupfnudeln formen und Spätzle von Hand schaben. So haben auch hier immer mehr Fertigprodukte Einzug gehalten. Maultaschen beispielsweise gibt es in guter Qualität beim Metzger fertig zu kaufen. Im Supermarkt finden sich in der Kühltheke Spätzle und Schupfnudeln mittlerweile auch über die Grenzen Schwabens hinaus.
Aber auch heute noch nimmt man sich an besonderen Tagen Zeit, die schwäbischen Lieblingsgerichte für die Familie oder liebe Gäste selber zu machen.

Geräte in der schwäbischen Küche

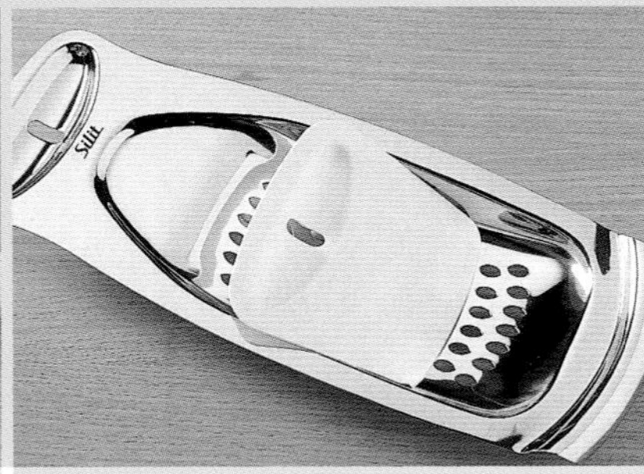

Spätzlepressen gibt es aus Edelstahl, Aluminium und Kunststoff. In der Regel sind sie aus Metall hergestellt.
So funktioniert's: In die kalt ausgespülte Presse den vorbereiteten Teig einfüllen und dann langsam in das kochende Wasser pressen. Dabei die Spätzlepresse auf den Topfrand legen.
Manche Pressen kann man zur Reinigung leicht auseinander nehmen. Dabei darauf achten, dass die Presse keine Kleinteile hat, die verloren gehen können. Es gibt auch Pressen mit Einsätzen, die für Kartoffeln, Spaghettieis und verschiedene Spätzleformen geeignet sind. Pressen mit polierten Oberflächen nicht in die Spülmaschine geben, sie werden stumpf.

Der **Spätzlehobel** sieht aus wie eine Käsereibe mit einem aufgesetzten Schlitten und funktioniert auch so. Spätzlehobel gibt es mit verschiedenen Lochungen: mit glatter Unterseite, aber auch mit schrägen Zapfen, »Ohren« genannt. Mit dem Ohrenhobel entstehen längere und dünnere Spätzle, mit dem glatten Hobel entstehen die traditionellen Knöpfle.
So funktioniert's: In den Schlitten etwas Teig füllen, den Hobel auf den Rand des Topfes legen und dann den Schlitten zügig hin und her bewegen, der Teig läuft dabei stetig nach, und die Spätzle fallen in den Topf.
Wichtig: Beim Spätzlehobel gibt es sehr unterschiedliche Qualitäten. Achten Sie darauf, dass der Griff auf jeden Fall mit dem Hobel fest verschweißt ist.
Der Spätzlehobel bewältigt größere Mengen an Teig und produziert eine schöne feine Form der Spätzle.

Spätzlebrett
Das Spätzlebrett hat eine flache Kante, über die die Spätzle geschabt werden.
So funktioniert's: Zum Schaben taucht man das Brett in das kochende Wasser, um es anzufeuchten und gibt etwa 1–2 EL Teig auf die untere Hälfte des Bretts. Den Teig etwas glatt streichen. Das Brett mit der zugespitzten Seite an die Wasseroberfläche halten. Mit dem Messer dünne Streifen ins kochende Wasser schaben. Das Schaben von Spätzle ist eine besondere Kunst und erfordert ein wenig Übung. Für Anfänger ohne Anleitung also nur bedingt geeignet. Auch deshalb haben sich in Schwaben mittlerweile Spätzlepresse und Spätzlehobel durchgesetzt.

Tipp: Alle Geräte zur Herstellung von Spätzle nach Gebrauch in kaltes Wasser legen, damit der Teig sich besser löst.

Zutaten in der schwäbischen Küche

Mehl: Üblicherweise wird für Spätzle Weizenmehl Type 405 verwendet. Im gut sortierten Handel finden Sie ein spezielles Spätzlemehl. Es ist feiner als Grieß und nicht so fein wie normales Mehl.

Käse: Allgäuer Emmentaler ist die erste Wahl bei der Zubereitung von schwäbischen Gerichten. Vor allem bei Kässpätzle kommt er mit seinem nussig-kräftigen Geschmack gut zur Geltung. Sie können aber auch einen anderen Käse verwenden, z. B. Appenzeller.

Linsen: Linsen werden am liebsten in Kombination mit Spätzle und Saitenwürsten gegessen. Eine feine Kombination, und dazu eine sehr gesunde: Die Verbindung Hülsenfrüchte, Eier und Getreide macht das Angebot an lebensnotwendigen Eiweißen komplett.

Saiten: Saitenwürste werden aus Kalb-, Rind- oder Schweinefleisch hergestellt. Sie bestehen zu rund 50 % aus Fleisch, zu 25 % aus Speck und zu 25 % aus Wasser. Sie ähneln den allseits bekannten Wiener Würstchen.

Kraut: Heimisches Kraut und Sauerkraut werden traditionell viel verwendet. Berühmt ist das Filderkraut, das ursprünglich als Spitzkohl auf einer fruchtbaren Ebene bei Stuttgart angebaut wurde. Heute wird das meiste Filderkraut zu Sauerkraut verarbeitet.

Wein: Beliebt sind Trollinger, Lemberger, Schwarzriesling, Riesling und Kerner. Zu Maultaschen passt ein halbtrockener Kerner. Käsespätzle harmonieren mit trockenem Riesling und zum Zwiebelrostbraten gehört ein Lemberger oder ein Trollinger.

Grundrezept

Spätzle

FÜR 4 PERSONEN

- **400 g Mehl**
  4 Eier
  2 gestrichene TL Salz
- **Außerdem:**
  ein Spätzlehobel oder eine Spätzlepresse

1 | Mehl, Eier, Salz und 120–160 ml Wasser in einer Schüssel zu einem glatten Teig verrühren. Den Teig so lange schlagen, bis er Blasen wirft.

2 | Den Teig 10–20 Min. ruhen lassen. Wasser in einem hohen, weiten Topf zum Kochen bringen. Salz dazugeben. Eine Schüssel mit kaltem Wasser bereitstellen. Hobel, Presse oder Brett unter kaltem Wasser kurz abspülen.

3 | 1–2 EL Teig in den Hobel oder in die Presse geben. Spätzle oder Knöpfle in das kochende Wasser pressen, schaben oder hobeln. Die Unterseite der Presse mit einem Messer abschaben. Einmal kurz umrühren, damit die Spätzle nicht verkleben. Sobald die Spätzle an der Wasseroberfläche schwimmen, mit dem Schaumlöffel die Spätzle abschöpfen und in das kalte Wasser geben.

TIPP
Für ein Hauptgericht aus Spätzle rechnet man 100 g Mehl pro Person. Als Beilage reichen 70 g Mehl pro Person.

1 *Zur Teigzubereitung das Mehl in eine Schüssel sieben, dann Eier und Salz dazugeben.*

2 *Für die Spätzlepresse sollte der Teig etwas fester sein, für den Hobel etwas weicher und zum Schaben noch weicher. Ein festerer Teig gibt kernigere Spätzle. Bei weichem Teig verkochen die Spätzle schneller.*

3 *Spätzle unbedingt abschrecken. Kalt abschrecken bewirkt: Spätzle verkleben nicht. Sinnvoll, wenn die Spätzle vorbereitet werden. Heiß abschrecken bewirkt: Spätzle bleiben heiß und kleben kaum. Ideal, wenn die Spätzle sofort serviert werden.*

Spätzlevariationen

Spinatspätzle

FÜR 4 PERSONEN
100 g TK-Spinat
150 ml Wasser
350 g Mehl
3 Eier
1 TL Salz
Pfeffer, Muskat

Den Spinat auftauen lassen und mit einem Teil des Wassers fein pürieren. Den Spinat mit den übrigen Teigzutaten verschlagen, bis der Teig Bläschen wirft.
Den Teig etwas ruhen lassen.
In einem großen Topf Wasser mit Salz zum Kochen bringen.
Den Teig portionsweise in das kochende Wasser pressen bzw. hobeln. Wenn die Spätzle oben schwimmen, diese mit einem Schaumlöffel aus dem Topf nehmen, etwas abtropfen lassen und warm halten.
Falls Sie frischen Spinat verwenden, benötigen Sie die doppelte Menge. Blanchieren Sie das Gemüse, bevor Sie es pürieren.

Kartoffelspätzle

FÜR 4 PERSONEN
200 g gekochte gepellte Kartoffeln vom Vortag
200 g Mehl
3 Eier
Salz
Muskatnuss, frisch gerieben
1 Prise getrockneter Majoran

Die Kartoffeln durch die Kartoffelpresse drücken oder fein reiben. Mit dem Mehl, den Eiern und den Gewürzen zu einem zähflüssigen Teig verarbeiten. Bei Bedarf etwas Mineralwasser hinzugeben. Den Teig so lange schlagen, bis er Blasen wirft.
In einem großen Topf Wasser mit Salz zum Kochen bringen. Den Teig portionsweise mit Hilfe einer Spätzlepresse oder eines Spätzlehobels ins Wasser pressen bzw. hobeln.
Wenn die Spätzle oben schwimmen, mit einem Schaumlöffel herausheben, abtropfen lassen und warm stellen.

Bärlauchspätzle

FÜR 4 PERSONEN
350 g Mehl
3 Eier
1 EL Olivenöl
Salz
Muskatnuss, frisch gerieben
1 Bund Bärlauch
200 g saure Sahne

Das Mehl mit den Eiern, Öl, Salz und Muskatnuss verschlagen, bis der Teig Blasen wirft. Den Teig 20 Min. ruhen lassen.
Inzwischen die Bärlauchblätter waschen und trockenschütteln. Mit der Sahne im Mixer oder mit dem Pürierstab fein pürieren und die Masse mit dem Teig verrühren. Bei Bedarf den Teig mit etwas Wasser verdünnen.
Spätzle wie beschrieben portionsweise garen. Wenn die Spätzle oben schwimmen, mit einem Schaumlöffel herausheben, abtropfen lassen und warm stellen.

Salate, Suppen, Kleinigkeiten

»A dicke Supp und was zum Vespern« – das ist dem Schwaben wichtig. Es wird nicht ohne Grund vom »Suppenschwaben« gesprochen. Zu einem guten Essen gehört eine Suppe, gerne eine selbst gekochte Brühe oder – noch besser: mit Einlagen. Ofenfrische hauchdünne Flädle zum Beispiel. Schwaben sind »Nass-Esser«, das merken Sie besonders beim typischen Kartoffelsalat, der immer mit reichlich Brühe angemacht sein muss. Und wenn mal nicht gekocht wird, gibt es Spezialitäten aus Wurst und Käse, dazu eine Laugenbrezel oder eine frisch gebackene Seele. Denn: Ohne Vesper ist der Schwabe nur ein halber Mensch.

Blitzrezepte

Allgäuer Käsesalat

FÜR 4 PERSONEN

➤ **4 EL Öl | 1 EL Weinessig | 2 EL Apfelsaft | 1 TL Zucker | 1 TL Senf | Salz | Pfeffer, frisch gemahlen | 200 g Emmentaler oder Bergkäse | 150 g Essiggurken (aus dem Glas) | 1 Zwiebel | 1 großer Apfel | 1/2 Kästchen Gartenkresse**

1 | Öl, Essig, Apfelsaft, Zucker und Senf verrühren, salzen und pfeffern.

2 | Den Käse in Streifen, die Gurken in Scheiben schneiden. Die Zwiebel schälen und in feine Ringe schneiden. Den Apfel waschen, vom Kerngehäuse befreien und würfeln. Alles mit der Sauce vermengen. Die Kresse vom Beet schneiden und über den Salat streuen.

Bibelis-Käs

FÜR 4 PERSONEN

➤ **250 g Magerquark | 100 g Schmand | 100 g Sahne | 1 kleine Zwiebel | 1 Bund Schnittlauch | 1 Bund Petersilie | Salz | Pfeffer, frisch gemahlen | 1 Msp. Paprikapulver | 1 TL Weinessig**

1 | Quark, Schmand und Sahne glatt rühren.

2 | Die Zwiebel schälen und fein hacken. Die Kräuter waschen, trockenschütteln und in feine Röllchen schneiden bzw. fein hacken. Zwiebel und Kräuter unter die Creme rühren, mit Salz, Pfeffer, Paprika und Essig würzen. Schmeckt gut zu frisch gebackenem Brot oder Seelen.

zur Vesper

Bunter Wurstsalat

FÜR 4 PERSONEN

- **200 g Fleischwurst**
  100 g Emmentaler
  100 g Essiggurken (aus dem Glas)
  1/2 rote Paprikaschote
  1 Zwiebel
  1 Apfel
- **Für die Sauce:**
  3 EL Öl
  1 EL Weinessig
  1 TL Senf
  1 TL Zucker
  Salz
  Pfeffer, frisch gemahlen

Zubereitung: 15 Min.

- Pro Portion ca.: 340 kcal

1 | Die Wurst häuten und in Würfel oder Streifen schneiden. Den Käse in Würfel schneiden. Die Gurken in Scheiben schneiden. Die Paprikaschote putzen, waschen und in feine Streifen schneiden. Die Zwiebel schälen und in feine Ringe schneiden. Den Apfel schälen, das Kerngehäuse entfernen. Den Apfel in Würfel schneiden.

2 | Die Saucenzutaten in einer Schüssel mit 3 EL Wasser gründlich verrühren und abschmecken. Alle Zutaten miteinander vermischen und den Salat 10 Min. durchziehen lassen. Dazu schmeckt frisches, knuspriges Brot.

gelingt leicht

Kartoffelsalat

FÜR 4 PERSONEN

- **1 kg fest kochende Kartoffeln**
  1 Zwiebel
  1/4 l kräftige Brühe (Instant)
  1 TL Senf
  1 EL Weinessig
  3 EL Öl
  Pfeffer, frisch gemahlen
  1/2 Bund glatte Petersilie
  Salz

Zubereitung: 1 Std.
Ruhezeit: 1 Std.

- Pro Portion ca.: 230 kcal

1 | Die Kartoffeln mit der Schale in 20–30 Min. gar kochen, schälen und in Scheiben schneiden. Die Zwiebel schälen, würfeln und dazugeben.

2 | Die Brühe erhitzen, mit Senf, Essig, Öl und Pfeffer verrühren. Brühe über die Kartoffeln gießen und mindestens 1 Std. durchziehen lassen.

3 | Die Petersilie waschen, trockenschütteln und hacken. Den Salat mit Salz und Pfeffer abschmecken und mit der gehackten Petersilie bestreuen.

TIPP

Kartoffeln – auf die Sorte kommt es an

Für Kartoffelsalat sollten Sie unbedingt eine fest kochende Kartoffelsorte wählen. Ideal sind dafür typische Salatkartoffelsorten, wie zum Beispiel Sieglinge, Nicola, Hansa oder Linda, die beim Kochen fest bleiben und nicht mehlig-mürbe werden. Falls Sie die Kartoffeln im Supermarkt kaufen, achten Sie einfach auf den Folienaufdruck. Beim Gemüsehändler verlangen Sie Salatkartoffeln.

So wird ihr Salat zu einem Genuss: die Scheiben zerfallen nicht und sie nehmen gut die Brühe auf.

im Bild vorne: **Kartoffelsalat** *im Bild hinten:* **Bunter Wurstsalat** ➤

für Gäste

Allgäuer Käsesuppe

FÜR 4 PERSONEN

- **2 Zwiebeln**
- **1 Knoblauchzehe**
- **1 EL Butter**
- **100 ml Weißwein (ersatzweise Brühe)**
- **400 ml Fleischbrühe (selbst gekocht oder Instant)**
- **200 ml Milch**
- **200 g Sahne**
- **200 g Allgäuer Emmentaler, frisch gerieben**
- **Salz**
- **Pfeffer, frisch gemahlen**
- **Muskatnuss, frisch gerieben**

Zubereitung: 30 Min.
Pro Portion ca.: 450 kcal

1 | Zwiebeln schälen und fein würfeln. Knoblauch schälen.

2 | Die Butter erhitzen und die Zwiebeln darin 5 Min. anschwitzen. Den Knoblauch dazupressen und 2 Min. mitdünsten, dann mit dem Weißwein ablöschen. Brühe, Milch und Sahne angießen. Die Suppe kurz aufkochen lassen, dann den Käse bei schwacher Hitze nach und nach dazugeben. Dabei ständig rühren, bis der Käse sich aufgelöst hat.

3 | Die Suppe mit dem Pürierstab pürieren, mit Salz, Pfeffer und Muskatnuss abschmecken. Geröstete Weißbrotwürfel passen gut dazu.

preiswert

Flädlesuppe mit Gemüse

FÜR 4 PERSONEN

- **100 g Mehl**
- **1/8 l Milch**
- **2 Eier**
- **Salz**
- **1 großes Bund Suppengrün (etwa 400 g)**
- **1 l Brühe (selbst gekocht oder Instant)**
- **1/2 TL Majoran, getrocknet**
- **1/2 Bund Petersilie**
- **Pfeffer, frisch gemahlen**
- **Butterschmalz zum Ausbacken**

Zubereitung: 40 Min.
Pro Portion ca.: 270 kcal

1 | Für die Flädle das Mehl mit der Milch, den Eiern und 1 guten Prise Salz verschlagen. Den Teig 15 Min. ruhen lassen.

2 | Inzwischen für die Suppe das Suppengrün waschen, putzen und klein schneiden. Das Gemüse mit der Brühe und dem Majoran zum Kochen bringen und in 20 Min. bei geringer Hitze garen.

3 | In einer Pfanne wenig Butterschmalz erhitzen und aus dem Flädleteig nacheinander 3–4 dünne Pfannkuchen backen. Die fertigen Pfannkuchen etwas abkühlen lassen, aufrollen und in möglichst feine Streifen (Flädle) schneiden.

4 | Die Petersilie waschen, trockenschütteln und hacken.

5 | Sobald das Gemüse gar ist, die Suppe mit Salz und Pfeffer würzen und abschmecken.

6 | Die Flädle auf Suppentassen oder -teller verteilen und die heiße Suppe darüber geben. Die Suppe mit Petersilie bestreut servieren.

im Bild vorne: **Flädlesuppe mit Gemüse** *im Bild hinten:* **Allgäuer Käsesuppe** ➤

preiswert

Karottensuppe mit Knöpfle

FÜR 4 PERSONEN

- **3 EL Butter**
  Salz
  65 g Grieß
  500 g Karotten
  1 Zwiebel
  1 l Brühe
  1 Ei
  Pfeffer, frisch gemahlen
  Muskatnuss
  3 EL Sahne
  Kräutersalz
  1 TL Zitronensaft
  trockener Weißwein

Zubereitung: 45 Min.

- Pro Portion ca.: 250 kcal

1 | Für die Knöpfle 1/8 l Wasser mit 1 EL Butter und 1 Prise Salz aufkochen. Den Grieß einstreuen, rühren, bis sich die Masse vom Topfboden löst. Abkühlen lassen.

2 | Karotten schälen und in Scheiben schneiden. Zwiebel schälen, fein würfeln. Beides in der restlichen Butter glasig dünsten. Die Brühe angießen, 20 Min. köcheln lassen.

3 | Salzwasser zum Kochen bringen. Ei in den Grießteig einrühren, mit Salz, Pfeffer und Muskat abschmecken. Mit einem Teelöffel Knöpfle abstechen, im Wasser bei schwacher Hitze 10 Min. ziehen lassen.

4 | Die Suppe pürieren. Sahne dazugeben, mit Salz, Kräutersalz, Pfeffer, Zitronensaft und 1 Schuss Weißwein würzen. Knöpfle in die Suppe geben.

deftig

Gaisburger Marsch

FÜR 4–6 PERSONEN

- **800 g Rindfleisch**
  2 Suppenknochen
  Salz
  1 großes Bund Suppengrün
  4 Zwiebeln
  1 Gewürznelke
  1 Lorbeerblatt
  500 g Kartoffeln
  300 g gegarte Spätzle (s. S. 8)
  1/2 Bund Petersilie
  1 EL Öl
  Pfeffer, frisch gemahlen

Zubereitung: 1 Std. 30 Min.

- Bei 6 Personen pro Portion ca.: 350 kcal

1 | Fleisch und Knochen mit 1 1/2 l Wasser und 2 TL Salz in einen Topf geben. Suppengrün putzen und grob zerkleinern. 1 Zwiebel schälen und halbieren. Gemüse und Gewürze in den Topf geben. Aufkochen lassen, in 1 1/2 Std. bei schwacher Hitze gar ziehen lassen.

2 | Inzwischen Kartoffeln waschen, schälen und würfeln. Die restlichen Zwiebeln schälen und in Ringe schneiden. Die Petersilie waschen und fein hacken.

3 | Wenn das Fleisch gar ist, die Brühe durch ein Sieb in einen zweiten Topf gießen. Kartoffeln darin 15 Min. garen. Das Fleisch klein würfeln. Das Öl erhitzen, die Zwiebeln darin goldbraun braten. Sobald die Kartoffeln gar sind, Fleisch und Spätzle in den Topf geben und alles erhitzen. Die Suppe mit Salz und Pfeffer abschmecken, mit Petersilie und gerösteten Zwiebeln bestreut servieren.

für kalte Herbsttage

Kartoffeleintopf mit Saitenwürstchen

FÜR 4 PERSONEN

- **1,2 kg Kartoffeln**
- **1 Bund Suppengrün**
- **1 Zwiebel**
- **100 g magerer geräucherter Speck**
- **1 EL Öl | 1 l Brühe**
- **1/2 Bund Petersilie**
- **Salz | Pfeffer**
- **Majoran**
- **1 TL Senf**
- **4 Paar Saitenwürstchen**

Zubereitung: 45 Min.

Pro Portion ca.: 650 kcal

1 | Kartoffeln waschen, schälen und würfeln. Das Suppengrün putzen und klein schneiden. Die Zwiebel schälen und würfeln. Speck ebenfalls würfeln.

2 | Öl erhitzen, Speck und Zwiebel darin anbraten. Suppengrün und Kartoffeln kurz mitdünsten, dann die Brühe angießen. Die Suppe 20 Min. kochen, bis die Kartoffeln gar sind.

3 | Die Petersilie waschen, trockenschütteln und fein hacken. Die Suppe mit einem Kartoffelstampfer etwas zerdrücken, aber nicht fein pürieren. Mit Salz, Pfeffer, Majoran und Senf würzen. Würstchen in der Suppe heiß werden lassen.

preiswert

Pikante Grießschnitten

FÜR 4 PERSONEN

- **1/2 l Milch**
- **1/2 TL Salz**
- **Pfeffer, frisch gemahlen**
- **Muskatnuss, frisch gerieben**
- **150 g Hartweizengrieß**
- **2 Eier**
- **50 g Emmentaler, frisch gerieben**
- **2 EL Butter**
- **Fett für das Blech**

Zubereitung: 45 Min.

Pro Portion ca.: 340 kcal

1 | Milch mit Salz, je 1 Prise Pfeffer und Muskat aufkochen lassen, den Grieß einrühren. Abkühlen lassen.

2 | Die Eier trennen. Das Eiweiß steif schlagen. Ein Backblech zu zwei Dritteln einfetten. Den Backofen auf 175° vorheizen.

3 | Eigelbe und Käse unter den Grießteig rühren. Die Eiweiße unterheben. Den Teig 2 cm dick auf das Backblech streichen. Im Backofen (Mitte, Umluft 150°) 15 Min. backen. Zum Schluss den Backofengrill zuschalten und die Schnitten kurz bräunen.

4 | Die Butter schmelzen und die Grießschnitten damit einpinseln. Die fertigen Schnitten in Stücke schneiden. Dazu passen Gemüse oder Salat.

Variante:

Süße Grießschnitten

Lassen Sie das Salz und die Gewürze weg. Die Milch stattdessen mit 2 EL Zucker, 1 Msp. Vanille und der abgeriebenen Schale von 1/2 Zitrone aufkochen. Schnitten zubereiten wie oben beschrieben. Nach dem Backen mit Butter bestreichen und mit Puderzucker bestäuben. Dazu passt Kompott.

im Bild vorne: **Pikante Grießschnitten** *im Bild hinten:* **Kartoffeleintopf mit Saitenwürstchen**

urschwäbisch

Schwäbische Seelen

FÜR 10–12 SEELEN

- **1 Würfel Hefe**
  1 TL Zucker
  500 g Mehl
  1 TL Salz
  je 1 Msp. gemahlener Kümmel und Koriander
  Fett für das Backblech
  grobes Salz
  Kümmelkörner
  Fett für das Blech

Zubereitung: 30 Min.
Ruhezeit: 40 Min.
Backzeit: 30 Min.

- Bei 12 Seelen pro Stück ca.: 150 kcal

1 | Die Hefe in 200 ml warmem Wasser mit dem Zucker auflösen und 10 Min. stehen lassen. Hefeansatz mit 150–200 ml warmem Wasser, Mehl, Salz, Kümmel und Koriander zu einem glatten Teig verarbeiten. Teig 30 Min. an einem warmen Ort gehen lassen.

2 | Backblech einfetten. Backofen auf 180° vorheizen.

3 | Aus dem Teig 20 cm lange Stangen formen. Mit etwas Wasser bepinseln und mit grobem Salz und Kümmel bestreuen. Im Ofen (Mitte, Umluft 160°) 25–35 Min. backen. Schmecken frisch am besten.

schwäbische Pizza

Dinnete

FÜR 4 PERSONEN

- **Für den Teig:**
  1/2 Würfel Hefe
  1/2 TL Zucker
  250 g Mehl
  1/2 TL Salz
  1 Ei | 4 EL Öl
- **Für den Belag:**
  2 Zwiebeln
  100 g Räucherspeck
  1 EL Öl
  2 Bund Schnittlauch
  150 g saure Sahne
  Pfeffer, frisch gemahlen
  Salz und Kümmel nach Belieben
  Fett für das Blech

Zubereitung: 30 Min.
Ruhezeit: 40 Min.
Backzeit: 25 Min.

- Pro Portion ca.: 510 kcal

1 | Die Hefe zerbröseln und in 1/8 l warmem Wasser mit dem Zucker auflösen. 10 Min. stehen lassen, bis sich Bläschen bilden. Mit den übrigen Teigzutaten verkneten und 30 Min. an einem warmen Ort gehen lassen, bis der Teig sein Volumen verdoppelt hat.

2 | Inzwischen die Zwiebeln schälen und würfeln. Den Speck fein würfeln. Öl erhitzen, Speck und Zwiebeln darin bei mittlerer Hitze 5 Min. anbraten. Den Backofen auf 180° vorheizen.

3 | Den Schnittlauch waschen und in Röllchen schneiden. Mit der Sahne unter die Speck-Zwiebeln rühren. Mit den Gewürzen abschmecken.

4 | Ein Backblech fetten. Den Teig auf dem Blech ausrollen und den Belag darauf verteilen. Im Backofen (Mitte, Umluft 160°) 25–30 Min. backen.

- Variante: Ohne den Belag ist das Gebäck auch als »Zelten« bekannt und wird als Fladenbrot zur Vesper gereicht.

◄ *im Bild vorne:* **Dinnete** *im Bild hinten:* **Schwäbische Seelen**

Spätzle, Maultaschen & Co.

Die schwäbischsten aller schwäbischen Nationalgerichte finden Sie in diesem Kapitel: Spätzle, Schupfnudeln und Maultaschen. Und das in Variationen, klassisch oder modern, mit oder ohne Fleisch. Auch wenn es sie überall fertig zu kaufen gibt: die Spätzle werden nach wie vor gerne selbst gemacht. Zugegeben: Maultaschen und Schupfnudeln sind aufwändiger in der Zubereitung. Aber es lohnt sich. Garantiert. Wagen Sie den Versuch. Doch Vorsicht... Suchtfaktor hoch!

Blitzrezepte

Kratzete

FÜR 4 PERSONEN

➤ **3 große Eier | 250 g Mehl | 1 Prise Salz 1 TL Zucker | 400 ml Milch | Butterschmalz zum Backen | Zucker und Zimt oder Puderzucker zum Bestäuben**

1 | Eier trennen. Eigelbe mit Mehl, Salz, Zucker und Milch glatt rühren. Eiweiße steif schlagen und unter den Teig heben.

2 | In einer beschichteten Pfanne etwas Butterschmalz erhitzen und aus dem Teig portionsweise Pfannkuchen backen. Die fertigen Pfannkuchen mit 2 Gabeln oder Spateln in der Pfanne in Stücke zerreißen und im Backofen warm stellen, bis der Teig verbraucht ist. Kratzete mit Zucker und Zimt oder Puderzucker bestäuben. Kompott dazu servieren.

Nackete Mariele

FÜR 4 PERSONEN

➤ **1 kg gekochte Kartoffeln vom Vortag 200 g Mehl | Salz | 100 g weiche Butter | 4 EL Mineralwasser | Butter zum Braten | Zimt und Zucker zum Betreuen**

1 | Die Kartoffeln durch die Kartoffelpresse drücken oder fein reiben. Kartoffeln mit Mehl, 1 Prise Salz, Butter und Mineralwasser zu einem Teig verkneten.

2 | Aus dem Teig mit nassen Händen daumengroße Nudeln formen, die an den Enden spitz zulaufen. In einer Pfanne Butter erhitzen, die Nudeln darin bei schwacher Hitze in 10 Min. garen. Sie müssen hell dabei bleiben. Die Nudeln mit Zimt und Zucker bestreuen und mit Apfelmus servieren.

Klassiker

Schupfnudeln mit Sauerkraut

FÜR 4 PERSONEN

- 100 g durchwachsener Speck
  1 Zwiebel | 1 EL Öl
  800 g Sauerkraut
  100 ml Weißwein
  100 ml Apfelsaft
  100 ml Brühe (Instant)
  5 Wacholderbeeren
  1 Lorbeerblatt | 1 Nelke
  Kümmel nach Belieben
  1 kg gekochte und gepellte Kartoffeln vom Vortag
  250 g Mehl
  2 Eier | Salz
  Pfeffer, frisch gemahlen
  Muskatnuss, frisch gerieben
  Zucker
  Butterschmalz zum Ausbacken

Zubereitung: 1 Std.

- Pro Portion ca.: ca. 730 kcal

1 | Für das Sauerkraut den Speck fein würfeln. Die Zwiebel schälen und hacken. In einem Topf das Öl erhitzen. Den Speck mit den Zwiebeln darin anbraten. Das Sauerkraut in den Topf geben, mit Wein, Saft und Brühe ablöschen. Die Gewürze dazugeben. Alles bei schwacher Hitze 45 Min. schmoren lassen.

2 | Für die Schupfnudeln die Kartoffeln reiben oder durch die Presse drücken. Kartoffeln mit Mehl, Eiern, Salz, Pfeffer und Muskat zu einem Teig verkneten. Daraus daumengroße Nudeln formen.

3 | In einem großen Topf Salzwasser zum Kochen bringen. Die Schupfnudeln darin 2 Min. kochen lassen, dann mit einem Schaumlöffel herausnehmen und abtropfen lassen.

4 | In einer Pfanne Butterschmalz erhitzen und die Nudeln darin portionsweise goldbraun braten.

5 | Sauerkraut mit Salz, Pfeffer und Zucker abschmecken. Die Schupfnudeln mit dem Sauerkraut servieren.

TIPP Die Schupfnudeln gelingen auch ohne Vorkochen. Durch das Kochen werden sie lockerer.

1 **Schupfnudeln formen**

Mit bemehlten Händen Nudeln formen, die an den Enden spitz zulaufen.

2 **Vorgaren im Wasser**

Die Schupfnudeln nicht länger als 2 Min. kochen lassen.

3 **Braun braten**

Die Nudeln portionsweise bei mittlerer Hitze in der Pfanne goldbraun braten.

schmecken frisch am besten

Käsespätzle

FÜR 4 PERSONEN

- **500 g Mehl**
- **4 Eier**
- **Salz**
- **1/4 l Mineralwasser**
- **3 große Zwiebeln**
- **Pfeffer, frisch gemahlen**
- **250 g Emmentaler, frisch gerieben**
- **50 g Butter**

Zubereitung: 40 Min.
Pro Portion ca.: 860 kcal

1 | Mehl mit Eiern und Salz verrühren. So viel Mineralwasser dazugeben, dass der Teig zähflüssig ist. Den Teig so lange schlagen, bis er Blasen wirft, danach 15 Min. ruhen lassen.

2 | Inzwischen Zwiebeln schälen und in feine Ringe schneiden. In einem großen Topf reichlich Salzwasser erhitzen. Den Backofen auf 100° vorheizen, eine feuerfeste Form darin warm stellen.

3 | Mit einer Spätzlepresse oder einem Spätzlehobel den Teig portionsweise in das kochende Wasser pressen bzw. hobeln. Wenn die Spätzle oben schwimmen, mit einem Schaumlöffel herausnehmen und sofort in die Form geben. Jede Lage mit Pfeffer würzen und mit Käse bestreuen. Im Ofen warm stellen.

4 | Die Zwiebeln in der Butter bei mittlerer Hitze goldbraun braten. Die Spätzle mit den Zwiebelringen servieren. Dazu passt Blattsalat.

preiswert

Krautspätzle

FÜR 4 PERSONEN

- **400 g Mehl**
- **3 Eier | 1/2 TL Salz**
- **200 ml Mineralwasser**
- **500 g Weißkohl**
- **1 Zwiebel**
- **2 EL Öl**
- **Pfeffer, frisch gemahlen**

Zubereitung: 45 Min.
Pro Portion ca.: 470 kcal

1 | Mehl mit Eiern und Salz verrühren. So viel Mineralwasser dazugeben, dass der Teig zähflüssig ist. Den Teig so lange schlagen, bis er Blasen wirft, danach 15 Min. ruhen lassen.

2 | Den Weißkohl waschen, putzen, ohne Strunk in feine Streifen schneiden. Die Zwiebel schälen und fein hacken. In einer Pfanne das Öl erhitzen, die Zwiebel darin glasig braten. Den Kohl dazugeben und mit anbraten. Den Kohl zugedeckt bei schwacher Hitze 15 Min. garen. Dabei häufiger wenden.

3 | Inzwischen die Spätzle zubereiten. In einem großen Topf reichlich Salzwasser erhitzen. Mit einer Spätzlepresse oder einem Spätzlehobel den Teig portionsweise in das kochende Wasser pressen bzw. hobeln. Wenn die Spätzle oben schwimmen, mit einem Schaumlöffel herausnehmen, mit kaltem Wasser abschrecken und warm stellen.

4 | Den Kohl mit Salz und Pfeffer würzen. Die Spätzle mit dem Kohl vermischen und servieren.

im Bild vorne: **Krautspätzle** *im Bild hinten:* **Käsespätzle**

Herbst-Gedicht

Spätzle mit Pfifferlingen

FÜR 4 PERSONEN

- **1 Grundrezept Spätzle (aus 400 g Mehl, s. S. 8)**
  600 g frische Pfifferlinge
  1 Zwiebel
  1/2 Bund Petersilie
  2 EL Öl
  3 EL Weißwein (ersatzweise Gemüsebrühe)
  150 g Sahne
  Aceto Balsamico
  Salz
  Pfeffer, frisch gemahlen

Zubereitung: 45 Min.
- Pro Portion ca.: 610 kcal

1 | Den Spätzleteig nach dem Grundrezept (s. S. 8) zubereiten und 15 Min. ruhen lassen.

2 | Die Pfifferlinge putzen. Die Zwiebel schälen und fein schneiden. Die Petersilie waschen, trockenschütteln und hacken. Das Wasser für die Spätzle zum Kochen bringen.

3 | Inzwischen das Öl in einer Pfanne erhitzen. Die Zwiebel und die Pilze anbraten, mit dem Wein ablöschen, zugedeckt 10 Min. bei schwacher Hitze garen.

4 | Inzwischen die Spätzle wie im Grundrezept beschrieben fertig zubereiten und im Backofen warm stellen.

5 | Die Sahne zu den Pilzen gießen und in 5 Min. leicht einkochen lassen, bis die Sauce sämig ist. Die Pilze mit Aceto Balsamico, Salz und Pfeffer würzen und abschmecken. Die Pfifferlinge mit Petersilie bestreut zu den Spätzle servieren. Dazu schmeckt ein frischer Salat.

Klassiker mal anders

Spätzle mit Rucola-Pesto

FÜR 4 PERSONEN

- **1 Grundrezept Spätzle (aus 400 g Mehl, s. S. 8)**
- **Für das Pesto:**
  50 g Rucola
  20 enthäutete Mandeln
  1 Knoblauchzehe
  1/8 l Olivenöl
  50 g Parmesan, frisch gerieben
  Salz

Zubereitung: 40 Min.
- Pro Portion ca.: 710 kcal

1 | Den Spätzleteig nach dem Grundrezept (s. S. 8) zubereiten.

2 | Während der Teig ruht, Rucola waschen, putzen und trockenschütteln. Mandeln in einer Pfanne trocken leicht rösten. Die Knoblauchzehe schälen. Rucola, Mandeln und Knoblauch mit dem Öl im Mixer pürieren, bis eine cremige Masse entsteht. Wenn die Masse zu fest ist, etwas mehr Olivenöl oder Wasser dazugeben. Parmesan darunter rühren. Das Pesto mit Salz abschmecken und beiseite stellen.

3 | Die Spätzle nach dem Grundrezept (s. S. 8) zubereiten. Das Pesto mit den heißen Spätzle servieren. Einen frischen Salat dazureichen.

- Variationen:
  Das Pesto lässt sich auch der Jahreszeit entsprechend mit anderen Kräutern zubereiten, zum Beispiel mit Bärlauch (dann den Knoblauch weglassen) oder Basilikum.

im Bild vorne: **Spätzle mit Pfifferlingen** *im Bild hinten:* **Spätzle mit Rucola-Pesto** ➤

brauchen etwas Zeit

Geschmälzte Maultaschen

FÜR 4 PERSONEN

- **Für den Teig:**
  - **250 g Mehl**
  - **2 Eier | 1/2 TL Salz**
- **Für die Füllung:**
  - **100 g TK-Spinat**
  - **1 Brötchen vom Vortag**
  - **1 Zwiebel**
  - **150 g Hackfleisch**
  - **1 Ei | Salz**
  - **Pfeffer, frisch gemahlen**
  - **Muskatnuss, frisch gerieben**
- **Außerdem:**
  - **2 l Fleischbrühe**
  - **3 Zwiebeln**
  - **2 EL Butter**
  - **Mehl für die Arbeitsfläche**

Zubereitung: 1 Std. 30 Min.
- Pro Portion ca.: 470 kcal

1 | Das Mehl mit den Eiern, dem Salz und 4–6 EL Wasser zu einem glatten geschmeidigen Teig verkneten. Teig 30 Min. ruhen lassen.

2 | Für die Füllung den Spinat auftauen lassen. Das Brötchen in Wasser einweichen. Die Zwiebel schälen und fein hacken. Das Brötchen gut ausdrücken. Das Hackfleisch mit dem Spinat, dem Brötchen, dem Ei, der Zwiebel und den Gewürzen zu einer geschmeidigen Masse verkneten.

3 | Den Nudelteig auf der bemehlten Arbeitsfläche dünn ausrollen. Mit einem Teigrädchen oder mit dem Messer Rechtecke von 6 x 12 cm ausschneiden. Auf die eine Hälfte der Teigstücke jeweils 1 EL der Füllung geben. Die Teigstücke zusammenklappen und an den Rändern festdrücken.

4 | Die Fleisch- oder Gemüsebrühe in einem großen Topf aufkochen. Die Maultaschen in die kochende Brühe legen und bei schwacher Hitze 12–15 Min. ziehen lassen.

5 | Inzwischen die Zwiebeln schälen, in Ringe schneiden und in der Butter goldbraun braten. Die Maultaschen auf Tellern anrichten, mit etwas Brühe begießen und die Zwiebeln darüber geben. Dazu passt ein frischer Salat.

1 Teig in Stücke schneiden

Mit einem Teigrädchen können Sie den Teig am besten in Rechtecke teilen.

2 Maultaschen formen

Die Ränder der Maultaschen fest andrücken, damit sie nicht aufgehen.

3 Maultaschen garen

Reduzieren Sie die Hitze beim Garziehen der Maultaschen, die Brühe darf nicht mehr kochen.

Silit

für Gäste

Maultaschen mit Lachs in Dillsahne

FÜR 4 PERSONEN

➤ **Für den Nudelteig:**
250 g Mehl
2 Eier
1/2 TL Salz

➤ **Für die Füllung:**
1 Zitrone | 1 Bund Dill
300 g Lachsfilet ohne Haut
100 g Schmand
Salz
Pfeffer, frisch gemahlen

➤ **Außerdem:**
2 TL gekörnte Gemüsebrühe
250 g Sahne
Salz
Pfeffer, frisch gemahlen
1 Prise Zucker
Mehl für die Arbeitsfläche

Zubereitung: 1 Std. 30 Min.
➤ Pro Portion ca.: 680 kcal

1 | Das Mehl in eine Schüssel sieben. Mehl mit den Eiern, dem Salz und 4–6 EL Wasser zu einem glatten geschmeidigen Teig verkneten. Teig zu einer Kugel formen, in Folie einschlagen und 30 Min. ruhen lassen.

2 | Die Zitrone auspressen. Den Dill waschen, trockenschütteln und hacken.

3 | Für die Füllung das Lachsfilet mit dem Schmand, 1 TL Zitronensaft und 1 TL Dillspitzen im Mixer pürieren. Lachsmasse mit Salz und Pfeffer abschmecken.

4 | Den Teig auf der bemehlten Arbeitsfläche dünn ausrollen. Mit einem Teigrädchen Rechtecke von 6x12 cm ausrädeln. Auf jedes Stück 1 TL der Füllung geben. Die Teigstücke zusammenklappen und an den Rändern festdrücken.

5 | In einem großen Topf 2 l Wasser mit der Gemüsebrühe zum Kochen bringen. Die Maultaschen in die kochende Brühe legen und 12–15 Min. bei schwacher Hitze ziehen lassen.

6 | Inzwischen die Sahne in einem kleinen Topf erhitzen und etwas einkochen lassen. Die restlichen Dillspitzen einrühren und die Sauce mit Salz, Pfeffer, Zucker und Zitronensaft abschmecken.

7 | Die fertigen Maultaschen in der Dillsahne servieren. Dazu passt ein grüner Salat.

➤ Variante

Fisch-Maultaschen

Statt Lachsfilet können Sie auch ein anderes frisches Fischfilet verwenden. Gut eignen sich zum Beispiel Lachsforellen- oder Renkenfilet, aber auch mit Hechtfleisch (Vorsicht: Gräten!) werden die Maultäschle zum Genuss.

Die Fischfüllung mit Kräutern verfeinern: gut passt eine Mischung aus Petersilie und Kerbel, aber auch Dill, Schnittlauch, Basilikum oder Bärlauch.

Die Dillsahne dann entsprechend den verwendeten Kräutern abwandeln, statt Zitronensaft passt auch etwas Weißwein oder ein Schuss trockener Wermut ausgezeichnet.

Hauptgerichte mit Fleisch, Fisch und Gemüse

Ein gutes Stück Fleisch lieben die Schwaben nach wie vor zu einem guten Essen. Dazu werden mit Vorliebe Spätzle serviert und gerne noch ein Kartoffelsalat. Was fehlt zum Glück? Vielleicht mal ein feiner Fisch zwischendurch – aber bitte aus dem Bodensee oder dem Teich am Ort. Im Herbst schmeckt der frisch gebackene Zwiebelkuchen aus dem Ofen. Am besten noch warm genießen mit einem Glas Federweißer.

Blitzrezepte

Fleischküchle

FÜR 4 PERSONEN

➤ **2 Brötchen | 1 Zwiebel | 400 g gemischtes Hackfleisch | 1 Ei | 1 TL Senf 1/2 TL Paprika edelsüß | Salz | Pfeffer Öl zum Braten**

1 | Die Brötchen in Wasser einweichen und ausdrücken. Die Zwiebel schälen und in feine Würfel schneiden.

2 | Die Zwiebel, Brötchen, Fleisch, Ei, Senf und Gewürze zu einem Fleischteig verkneten. Aus dem Teig gleichmäßige Küchle formen.

3 | Öl in einer Pfanne erhitzen und die Fleischküchle von beiden Seiten in je 5 Min. braun braten.

Forelle mit Mandelkruste

FÜR 4 PERSONEN

➤ **4 küchenfertige Forellen | Saft von 2 Zitronen | Salz | Pfeffer | 1 Ei 1/8 l Milch | 4 EL Mehl | 80 g Mandelblättchen | Butterschmalz zum Braten**

1 | Die Fische waschen und trockentupfen. Innen und außen mit Zitronensaft beträufeln, salzen und pfeffern. Das Ei in einem Teller verschlagen. Die Fische nacheinander in Milch, Mehl, Ei und Mandeln wenden.

2 | Die Forellen in Butterschmalz bei mittlerer Hitze insgesamt 12–16 Min. braten. Dazu passen Butterkartoffeln, Salat und ein Meerrettichdip.

für Gäste

Zwiebelrostbraten

FÜR 4 PERSONEN

- **500 g Zwiebeln**
  4 Scheiben Roastbeef (je 180 g)
  Salz
  Pfeffer, frisch gemahlen
  Mehl zum Wenden
  Öl zum Braten

Zubereitung: 40 Min.
- Pro Portion ca.: 330 kcal

1 | Die Zwiebeln schälen und in Ringe schneiden. Fleisch von Sehnen und Fetträndern befreien, mit Salz und Pfeffer würzen und in Mehl wenden.

2 | Etwas Öl in einer Pfanne erhitzen und das Fleisch darin bei starker Hitze auf jeder Seite 4 Min. braten. Im Backofen abgedeckt warm stellen.

3 | Die Zwiebeln im Bratfett bei mittlerer Hitze goldbraun braten. Das Fleisch auf Tellern anrichten und mit den Zwiebeln servieren. Dazu passen Spätzle und ein grüner Salat.

zart und aromatisch

Zander mit Rieslingsauce

FÜR 4 PERSONEN

- **4 Zanderfilets von je 200 g**
  2 EL Zitronensaft
  50 g durchwachsener Speck
  20 g Butter
  1/8 l Riesling
  Salz
  250 ml Fischfond (ersatzweise Wasser)
  1 EL Speisestärke
  125 g Sahne
  1 Eigelb
  Zucker | Pfeffer
- **Zum Garnieren:**
  1/2 Bund Petersilie
  1 Zitrone

Zubereitung: 35 Min.
- Pro Portion ca.: 440 kcal

1 | Die Zanderfilets abspülen und trockentupfen. Von beiden Seiten mit Zitronensaft beträufeln.

2 | Den Speck würfeln und in einer Pfanne auslassen. Butter darin erhitzen. Fischfilets in der Butter in 2 Min. auf jeder Seite hellbraun anbraten. Mit dem Riesling begießen. Zugedeckt 5 Min. dünsten. Fisch aus der Pfanne nehmen, salzen und auf einer vorgewärmten Platte zugedeckt warm stellen.

3 | Fischfond in die Pfanne gießen und aufkochen lassen. Die Speisestärke mit etwas Wasser glatt rühren. In den Fond rühren und einmal aufkochen lassen. Die Sahne und das Eigelb mit etwas Sauce verquirlen und in die Sauce rühren. Bis kurz vorm Kochen erhitzen. Die Pfanne sofort vom Herd nehmen, damit das Ei nicht gerinnt. Die Sauce mit Salz, Zucker und Pfeffer abschmecken.

4 | Petersilie waschen, trockenschütteln und hacken. Die Zitrone in Achtel schneiden. Die Sauce über die Zanderfilets gießen. Mit Petersilie bestreuen und mit Zitronenachteln umlegen. Mit Kartoffeln und einem Salat oder einem feinen Gemüse servieren.

◄ *im Bild vorne:* **Zwiebelrostbraten** *im Bild hinten:* **Zander mit Rieslingsauce**

SALZ

für Gäste

Kalbsvögele

FÜR 4 PERSONEN

- **4 Eier**
- **1 Zwiebel**
- **1 Bund Suppengrün**
- **4 Essiggurken**
- **4 Kalbsrouladen**
- **Salz | Pfeffer**
- **4 TL Senf | 3 EL Öl**
- **1/8 l Weißwein (ersatzweise Brühe)**
- **400 ml Brühe (Instant)**
- **4 EL Sahne**
- **Aceto Balsamico**
- **Küchengarn**

Zubereitung: 45 Min.
Garzeit: 45 Min.
Pro Portion ca.: 450 kcal

1 | Die Eier hart kochen und pellen. Die Zwiebel schälen und grob würfeln. Das Suppengrün waschen, putzen und zerkleinern. Die Gurken in Streifen schneiden.

2 | Das Fleisch von beiden Seiten mit Salz und Pfeffer würzen. Jeweils eine Seite mit Senf bestreichen. Die Gurkenstreifen und je 1 Ei auf die Rouladen legen. Die Rouladen aufrollen und mit Küchengarn zusammenbinden.

3 | Das Öl in einem Bräter erhitzen und die Rouladen von allen Seiten anbraten. Die Zwiebel und das Suppengrün dazugeben und mit anbraten. Mit dem Wein und der Brühe ablöschen und das Fleisch in 45 Min. gar schmoren.

4 | Die Kalbsvögele aus der Pfanne nehmen und warm stellen. Die Sauce pürieren. Die Sahne einrühren, die Sauce mit Salz, Pfeffer und Aceto Balsamico abschmecken. Dazu passen Spätzle und Gemüse.

deftig

Ripple mit Sauerkraut

FÜR 4 PERSONEN

- **1 Rezept Sauerkraut (s. S. 24, ohne Speck zubereitet)**
- **2 EL Öl**
- **4 Kasseler Rippchen**
- **1/2 l Brühe (Instant)**
- **5 Wacholderbeeren**
- **1 Lorbeerblatt**
- **1 Gewürznelke**
- **2 TL Speisestärke**
- **50 g Sahne**
- **Pfeffer | Salz**

Zubereitung: 35 Min.
Garzeit: 40 Min.
Pro Portion ca.: 500 kcal

1 | Das Sauerkraut nach Rezept (s. S. 24) zubereiten und garen.

2 | Inzwischen das Öl erhitzen und die Rippchen von beiden Seiten kräftig anbraten. Die Brühe angießen, Wacholderbeeren, Lorbeerblatt und Nelke dazugeben. Rippchen zugedeckt bei mittlerer Hitze 30–40 Min. schmoren lassen. Wenn sie gar sind, Rippchen herausnehmen und warm stellen.

3 | Das Sauerkraut mit 1 Kelle Fleischfond würzen. Die Stärke mit etwas Wasser anrühren und den Fond damit binden. Die Sahne angießen. Die Sauce mit Pfeffer, bei Bedarf auch noch mit Salz abschmecken. Rippchen mit Kraut und Sauce servieren. Dazu passen Kartoffelpüree, Spätzle oder Brot.

im Bild vorne: **Kalbsvögele** *im Bild hinten:* **Ripple mit Sauerkraut**

preiswert

Saure Linsen

FÜR 4 PERSONEN

- 250 g Linsen
- 1 Bund Suppengrün
- 1 Zwiebel
- 100 g magerer geräucherter Speck
- 1 EL Butter
- 1 Lorbeerblatt
- je 1 TL Majoran, Thymian, Bohnenkraut
- 3/4 l Brühe
- Salz | Pfeffer
- 2 EL Aceto Balsamico

Zubereitung: 1 Std. 20 Min.
Einweichzeit: 12 Std.
➤ Pro Portion ca.: 380 kcal

1 | Linsen über Nacht in kaltem Wasser einweichen. Suppengrün putzen und zerkleinern. Zwiebel schälen, in feine Würfel schneiden. Speck fein würfeln.

2 | Butter in einem Topf erhitzen. Zwiebel und Speck darin anbraten. Die Linsen abgießen, mit dem Suppengrün, Lorbeerblatt, Kräutern und Brühe in den Topf geben. Linsen in 50–60 Min. garen. Mit Salz, Pfeffer und Aceto Balsamico abschmecken. Dazu passen Saitenwürstchen und Spätzle.

brauchen etwas Zeit

Krautwickel

FÜR 4 PERSONEN

- 1 großer Weißkohl
- Salz
- 1 Rezept Fleischküchleteig (s. S. 35)
- 1/2 l Fleischbrühe (Instant)
- 1 Lorbeerblatt
- 5 Wacholderbeeren
- 100 g Sahne
- 1 EL Tomatenmark
- 1 EL Aceto Balsamico
- Pfeffer, frisch gemahlen
- Öl zum Anbraten
- Küchengarn oder Rouladenspieße

Zubereitung: 1 Std. 30 Min.
➤ Pro Portion ca.: 520 kcal

1 | Den Weißkohl putzen, Strunk trichterförmig herausschneiden. In einem großen Topf Salzwasser zum Kochen bringen. Den Kohlkopf darin 5 Min. kochen lassen. Dann die äußeren Blätter vorsichtig ablösen. Den Kohlkopf wieder für einige Min. ins kochende Wasser legen, die nächsten Blätter ablösen. Insgesamt 16 Blätter ablösen. Von den Blättern die dicken Blattrippen flach schneiden.

2 | Den Fleischteig zubereiten (s. S. 35). Auf jedes Kohlblatt jeweils 1 gehäuften EL der Fleischfüllung geben, das Blatt zusammenrollen und mit Küchengarn oder Rouladenspießen zusammenbinden.

3 | In einem Schmortopf etwas Öl erhitzen. Die Rouladen darin portionsweise von allen Seiten kräftig anbraten. Die Fleischbrühe angießen, Lorbeerblatt und Wacholderbeeren dazugeben. Alles zugedeckt 30 Min. bei mittlerer Hitze schmoren lassen. Die Rouladen herausnehmen und warm stellen.

4 | Lorbeerblatt und die Wacholderbeeren aus dem Fond nehmen, die Sahne angießen, das Tomatenmark und den Aceto Balsamico einrühren, alles kurz aufkochen lassen und mit Salz und Pfeffer abschmecken.

im Bild vorne: Saure Linsen *im Bild hinten:* Krautwickel ➤

etwas Besonderes

Krautkrapfen

FÜR 6 PERSONEN

➤ **Für den Teig:**
500 g Mehl
2 Eier | 3 EL Öl
1/2 TL Salz

➤ **Für die Füllung:**
1 kg Weißkohl
2 EL Öl
Salz | Pfeffer
1/2 TL Kümmel (ganz oder gemahlen)
1/4 l Brühe (Instant)

➤ **Außerdem:**
Öl zum Ausbacken
Mehl und Küchentuch zum Ausrollen

Zubereitung: 1 Std.
Ruhezeit: 30 Min.
Garzeit: 35 Min.
➤ Pro Portion ca.: 470 kcal

1 | Für den Teig das Mehl mit den Eiern, dem Öl, dem Salz und 1/8 l Wasser verkneten. Den Teig zugedeckt 30 Min. ruhen lassen.

2 | Inzwischen den Weißkohl putzen und in feine Streifen schneiden. Das Öl in einer großen Pfanne erhitzen, den Kohl darin anbraten. Den Kohl zugedeckt bei schwacher Hitze 15 Min. garen, dabei gelegentlich umrühren. Kohl mit Salz, Pfeffer und Kümmel würzen.

3 | Ein Küchentuch mit Mehl bestäuben und den Teig darauf zu einem Rechteck von 40 x 60 cm ausrollen. Die Füllung auf drei Viertel der Fläche von der langen Seite her verteilen. Den Teig wie einen Strudel mit Hilfe des Küchentuches von der langen Seite aus aufrollen. Die fertige Rolle in 6 gleich große Stücke schneiden.

4 | In einer großen Pfanne Öl erhitzen. Die Stücke mit der Schnittfläche nach unten in die Pfanne setzen und 2 Min. anbraten, dann wenden und die zweite Schnittfläche ebenfalls anbraten.

5 | Die Brühe erhitzen und zu den Krapfen gießen. Die Krautkrapfen in der Pfanne zugedeckt in 20 Min. fertig garen. Dazu wird traditionell Kartoffelsalat serviert.

1 **Teig ausrollen**
Den Teig möglichst dünn ausrollen, umso besser werden die Krapfen.

2 **Füllung verteilen**
Das Kraut auf dem Teig verteilen, dabei einen schmalen Rand frei lassen.

3 **Teigrolle schneiden**
Mit einem scharfen Messer die Krautrolle in Stücke schneiden.

Silit

für Gäste

Zwiebelkuchen

FÜR 1 BACKBLECH

➤ **Für den Teig:**
1 TL Zucker
1 Würfel Hefe
500 g Mehl
1 Ei
6 EL Öl
Salz

➤ **Für den Belag:**
1,5 kg Zwiebeln
100 g geräucherter Speck
3 EL Öl
200 g Schmand
2 Eier
Pfeffer
gemahlener Kümmel
edelsüßes Paprikapulver
Mehl für die Arbeitsfläche
Öl für das Backblech

Zubereitung: 55 Min.
Ruhezeit: 40 Min.
Backzeit: 35 Min.
➤ Bei 20 Stück pro Portion ca.: 210 kcal

1 | Zucker und Hefe in 1/4 l warmem Wasser auflösen, 10 Min. gehen lassen. Teigansatz mit Mehl, Ei, Öl und 1 Prise Salz zu einem geschmeidigen Teig verkneten. Den Teig zur Kugel formen und 30 Min. an einem warmen Ort zugedeckt gehen lassen.

2 | Inzwischen die Zwiebeln schälen und in feine Ringe schneiden. Den Speck fein würfeln. In einer Pfanne das Öl erhitzen, Zwiebeln mit Speck bei mittlerer Hitze darin anbraten. Zwiebeln zugedeckt bei schwacher Hitze 15 Min. dünsten.

3 | Den Schmand mit den Eiern verrühren, mit Pfeffer, Kümmel und Paprikapulver pikant abschmecken.

4 | Den Backofen auf 200° vorheizen. Das Backblech fetten. Den Teig auf der bemehlten Arbeitsfläche in Backblechgröße ausrollen. Die Teigplatte auf das Blech legen und leicht andrücken.

5 | Die Zwiebeln auf dem Teig verteilen. Den Guss darüber gießen. Den Zwiebelkuchen im Backofen (Mitte, Umluft 180°) in 35–40 Min. goldbraun backen. Dazu passt ein gemischter Salat.

TIPP

Ein frisch gebackener Zwiebelkuchen, noch warm auf den Tisch gebracht, ist ein wunderbares Gästeessen. Besonders geeignet natürlich im Herbst, wenn die heimischen Zwiebeln geerntet wurden und es den ersten neuen Wein, den »Federweißen« gibt.

Süße Hauptgerichte und Desserts

»Ist das ein Hauptgericht oder ein Dessert?« Diese Frage stellt sich mancher Zugereiste, wenn ihm so üppige Spezialitäten, köstlich duftend frisch aus dem Ofen mit so geheimnisvollen Namen wie Pfitzauf oder Ofenschlupfer angeboten werden. Süße Hauptgerichte haben eine lange Tradition in Schwaben: In vielen Familien musste gespart werden, dann sorgte eine Mehlspeise nach einem vielleicht kargen Hauptgang dafür, dass dennoch alle satt wurden. Und in katholischen Gegenden war der Freitag lange ein fleischloser Tag. Ideal also für Dampfnudeln. Dazu vielleicht eine Vanillesauce? Da schlagen auch heute noch die Herzen aller Süß-Fans hoch, auch wenn sie nicht katholisch sind...

Blitzrezepte

Sauermilchkaltschale

FÜR 4 PERSONEN

➤ **500 g Joghurt | 500 g Buttermilch 1 Msp. Vanille | abgeriebene Schale 1/2 unbehandelten Zitrone | 1 TL Zitronensaft | 2 EL Honig | 400 g Beeren nach Belieben oder Obst der Jahreszeit Zitronenmelisse zum Garnieren**

1 | Außer den Früchten alle Zutaten in einer Schüssel glatt rühren und mit Honig abschmecken.

2 | Die Beeren oder das Obst waschen, putzen, eventuell klein schneiden und in eine Schüssel geben. Die Flüssigkeit darauf gießen.

3 | Die Kaltschale mit Früchten und Zitronenmelisse garnieren.

Holunderpfannkuchen

FÜR 4 PERSONEN

➤ **12 aufgeblühte Holunderblütendolden 2 Eier | 100 g Mehl | 140 ml Milch 2 TL Zucker | abgeriebene Schale von 1/2 unbehandelten Zitrone | 1 Prise Salz | Butterschmalz zum Ausbacken Puderzucker zum Bestäuben**

1 | Die Dolden waschen und trockentupfen. Die Eier trennen. Mehl, Milch und Eigelbe verrühren. Zucker, Zitronenschale und Salz dazugeben. Die Eiweiße steif schlagen und unterheben.

2 | Die Blütendolden in den Teig tauchen. Butterschmalz erhitzen und die Blüten darin in 2–3 Min. von beiden Seiten goldbraun ausbacken. Mit Puderzucker bestäuben. Pfannkuchen mit Schlagsahne servieren.

unwiderstehlich

Gefüllte Dampfnudeln

FÜR 12 STÜCK

- **Für den Teig:**
  250 ml Milch
  1 Würfel Hefe
  100 g Zucker
  500 g Mehl | 1 Prise Salz
  abgeriebene Schale 1 unbehandelten Zitrone
  50 g Butter
- **Außerdem:**
  12 kleine Aprikosen
  250 ml Milch
  25 g Zucker
  2 EL Butter
  Fett für die Form
  Puderzucker

Zubereitung: 50 Min.
Ruhezeit: 40 Min.
Backzeit: 30 Min.
- Pro Stück ca.: 280 kcal

1 | Die Milch erwärmen. Die Hefe zerbröseln und mit 1 TL Zucker in 1/8 l Milch auflösen. Den Teigansatz 10 Min. gehen lassen, bis sich Bläschen bilden. Hefeansatz mit den übrigen Zutaten zu einem glatten Teig verkneten. Den Teig an einem warmen Ort 30 Min. gehen lassen, bis er sich verdoppelt hat.

2 | Die Aprikosen waschen und entkernen. Eine Auflaufform fetten.

3 | Den Teig in 12 Stücke teilen, jede Aprikose mit Teig umhüllen und einen Kloß formen. Die Klöße in die Form setzen. Den Backofen auf 180° vorheizen.

4 | Die Milch mit dem Zucker und der Butter erwärmen und über die Klöße gießen. Die Dampfnudeln im Backofen (Mitte, Umluft 180°) 30 Min. backen, bis die Oberfläche goldbraun ist. Dampfnudeln mit Puderzucker bestäubt servieren. Dazu passt Vanillesauce.

- Variante

  Typisch sind auch die im Topf gebackenen Dampfnudeln. Dafür 75 g Butter in einem flachen Topf zerlassen, 5 EL Zucker darin leicht bräunen, 1/4 l Milch dazugießen. Die Nudeln nebeneinander in den Topf setzen und den Deckel aufsetzen. Bei mittlerer Hitze zugedeckt 30 Min. garen.

1 **Hefeteig zubereiten**

Der Hefeteig sollte sein Volumen nach der Ruhezeit verdoppelt haben.

2 **Dampfnudeln füllen**

Zum Füllen ein Teigstück am besten in eine Handfläche legen.

3 **Milch angießen**

Die heiße Milch in die Form und über die Dampfnudeln gießen.

preiswert

Ofenschlupfer

FÜR 4 PERSONEN

- 800 g Äpfel
- Saft von 1/2 Zitrone
- 8 Brötchen vom Vortag
- 3 Eier
- 1/2 l Milch
- 200 g Sahne
- Zucker
- 1 Päckchen Vanillezucker
- 50 g gehobelte Mandeln
- 50 g Rosinen
- Fett für die Form
- Puderzucker zum Bestäuben

Zubereitung: 25 Min.
Backzeit: 35 Min.
Pro Portion ca.: 780 kcal

1 | Äpfel waschen, schälen, vierteln, ohne Kerngehäuse in Spalten schneiden. In eine Schüssel mit Wasser und Zitronensaft legen.

2 | Brötchen in 1 cm dicke Scheiben schneiden. Eier trennen. Milch mit Eigelben, Sahne, Zucker und Vanillezucker schaumig schlagen. Eiweiße steif schlagen und unterheben.

3 | Backofen auf 200° vorheizen. Eine große flache Auflaufform fetten. Äpfel, Brötchen, Mandeln und Rosinen in Lagen einschichten. Mit Brötchen abschließen. Die Milchmischung darüber gießen.

4 | Ofenschlupfer im Backofen (Mitte, Umluft 175°) in 35 Min. goldgelb backen. Mit Puderzucker bestäuben und heiß aus der Form mit warmer oder kalter Vanillesauce servieren.

für Gäste

Pfitzauf

FÜR 12 STÜCK

- 125 g Butter
- 1/2 l Milch
- 300 g Mehl
- 100 g Zucker | 4 Eier
- 1 TL abgeriebene Zitronenschale von einer unbehandelten Frucht
- 1 Prise Salz
- Fett für die Form
- Puderzucker zum Bestäuben

Zubereitung: 20 Min.
Backzeit: 30 Min.
Pro Portion ca.: 250 kcal

1 | Butter schmelzen. Milch erwärmen. Die Form gründlich einfetten. Den Backofen auf 200° vorheizen.

2 | Mehl mit Butter, Zucker, Eiern, Milch, Zitronenschale und Salz kräftig verschlagen. Die Förmchen zu zwei Drittel mit Teig füllen. Im Backofen (Mitte, Umluft 175°) 30 Min. backen.

3 | Das Gebäck aus der Form lösen und stürzen. Mit Puderzucker bestäuben und heiß servieren. Traditionell wird Kirschkompott dazu serviert.

TIPP

Für dieses Dessert brauchen Sie idealerweise eine spezielle Pfitzaufform aus Keramik mit halbkugelförmigen Vertiefungen. Falls Sie keine Pfitzaufform zur Verfügung haben, können Sie fast genauso gut Kaffeetassen verwenden. Die Tassen gründlich buttern, leicht bemehlen und ebenfalls nur zu zwei Drittel mit Teig füllen.

im Bild vorne: Pfitzauf *im Bild hinten:* Ofenschlupfer

erfrischend

Kalte Apfelsuppe

FÜR 4 PERSONEN

- 500 g Äpfel
  1 EL Butter
  400 ml Apfelsaft
  1 Lorbeerblatt
  2 Nelken
  1/4 Zimtstange
  Saft 1/2 Zitrone
  Zucker nach Geschmack
  1 TL geriebener Meerrettich

Zubereitung: 30 Min.
Kühlzeit: 2 Std.
Pro Portion ca.: 170 kcal

1 | 1 Apfel zurücklegen. Die übrigen Äpfel schälen, vierteln, vom Kerngehäuse befreien und in Stücke schneiden.

2 | Die Butter in einem Topf erhitzen. Die Apfelstücke anschwitzen, mit dem Apfelsaft und 1/4 l Wasser ablöschen. Das Lorbeerblatt, die Nelken und die Zimtstange dazugeben. Alles zum Kochen bringen und 15 Min. bei schwacher Hitze kochen lassen, bis die Äpfel weich sind.

3 | Die Gewürze entfernen und die Suppe pürieren. Die Suppe mit Zitronensaft, Zucker und Meerrettich abschmecken. Den übrigen Apfel in dünne Scheiben schneiden und in die Suppe geben. Suppe kalt stellen.

4 | Die Suppe nach Belieben mit einem Klecks saurer Sahne oder Zwiebackstückchen servieren.

Variante:
Für einen kleinen Schwips einen Teil des Apfelsafts durch Riesling oder Apfelmost ersetzen.

edel | für Gäste

Pfirsiche mit Weinschaumcreme

FÜR 4 PERSONEN

- 4 Pfirsiche
  1/4 l Weißwein
  2 EL Zitronensaft
  100 g Zucker
  2 TL Stärke
  2 Eigelbe
  Zitronenmelisse zum Garnieren nach Belieben

Zubereitung: 20 Min.
Pro Portion ca.: 240 kcal

1 | Pfirsiche mit kochendem Wasser übergießen, dann häuten. Die Früchte entkernen, in Spalten schneiden und auf Dessertschälchen verteilen.

2 | Weißwein mit Zitronensaft, Zucker, Stärke und Eigelben verquirlen. Im Wasserbad unter ständigem Rühren mit dem Schneebesen heiß werden lassen, bis die Sauce dicklich ist. Die Sauce mit Zitrone und Zucker abschmecken und über die Pfirsiche gießen. Nach Belieben mit Zitronenmelisse garniert servieren.

TIPP

Das Dessert schmeckt natürlich am besten mit besonders aromatischen heimischen Pfirsichen. Sehr harte Früchte weich dünsten.

Variante: Statt Weißwein kann auch Apfelmost, Apfelwein oder Orangensaft genommen werden.

im Bild vorne: Kalte Apfelsuppe *im Bild hinten:* Pfirsiche mit Weinschaumcreme

fruchtig-luftig

Zimtbirne auf Schokocreme

FÜR 4 PERSONEN

- **4 Birnen**
  Saft von 1/2 Zitrone
  1/2 TL Zimtpulver
  1 TL Zucker
  150 g Sahne
  150 g Mascarpone
  2 EL lösliches Kakaopulver
  4 EL Mandelblättchen

Zubereitung: 20 Min.
Kühlzeit: 30 Min.
- Pro Portion ca.: 440 kcal

1 | Die Birnen waschen, vierteln und das Kerngehäuse herausschneiden. In einem Topf 1/4 l Wasser mit dem Zitronensaft, Zimt und Zucker mischen. Die Birnen darin bei schwacher Hitze je nach Reifegrad 5–10 Min. garen. In der Flüssigkeit mindestens 30 Min. abkühlen.

2 | Sahne, Mascarpone und Kakaopulver mit den Quirlen des Handrührgeräts oder einem Schneebesen schaumig schlagen. Die Creme auf Dessertteller verteilen.

3 | Die Mandeln in einer Pfanne ohne Fett leicht rösten.

4 | Die Birnen aus der Garflüssigkeit nehmen, in Spalten schneiden und auf der Creme anrichten. Mit den Mandelblättchen bestreuen.

saftiger Klassiker

Apfelkuchen mit Rahmguss

FÜR 1 SPRINGFORM (26 CM Ø)

- **Für den Mürbeteig:**
  250 g Mehl
  65 g Zucker
  1 Prise Salz
  1 Ei | 125 g Butter
- **Für den Belag:**
  1 kg Äpfel
  125 g Sahne | 3 Eier
  100 g Zucker
  1 Päckchen Vanillezucker
  abgeriebene Schale von 1/2 unbehandelten Zitrone
  Fett für die Form
  Mehl für die Arbeitsfläche

Zubereitung: 45 Min.
Backzeit: 55 Min.
- Bei 12 Stück pro Stück ca.: 310 kcal

1 | Mehl, Zucker, Salz, das Ei und die Butter in Flöckchen rasch zu einem Teig verkneten. In Folie einschlagen und 30 Min. kalt ruhen lassen.

2 | Die Äpfel schälen, vierteln und die Kerngehäuse entfernen. Backform fetten. Backofen auf 175° vorheizen. Den Teig auf wenig Mehl ausrollen und in die Form geben, dabei einen 4 cm hohen Rand formen.

3 | Apfelviertel an der runden Seite mehrere Male einschneiden und auf dem Teig verteilen. Den Kuchen im Ofen (Mitte, Umluft 160°) 25 Min. backen.

4 | Sahne, Eier, Zucker, Vanillezucker und Zitronenschale verquirlen. Über den Kuchen gießen und den Kuchen weitere 30 Min. backen.

◄ *im Bild vorne:* **Zimtbirne auf Schokocreme** *im Bild hinten:* **Apfelkuchen mit Rahmguss**

süß-säuerlich

Rhabarberkuchen

FÜR 1 SPRINGFORM (26 CM Ø)

➤ **Für den Mürbeteig:**
250 g Mehl
65 g Zucker
1 Prise Salz | 1 Ei
125 g Butter

➤ **Für den Belag:**
1/2 l Milch
1 Päckchen Vanillepuddingpulver
4 EL Zucker
600 g Rhabarber
Fett für die Form

Zubereitung: 40 Min.
Backzeit: 50 Min.
➤ Bei 12 Stück pro Stück ca.: 240 kcal

1 | Mehl, Zucker, Salz, Ei und die Butter in Flöckchen rasch zu einem Teig verkneten. In Folie einschlagen und 30 Min. kalt stellen.

2 | Inzwischen aus Milch, Puddingpulver und Zucker einen Pudding nach Packungsanweisung kochen. Leicht abkühlen lassen.

3 | Rhabarber waschen, putzen und in 3–4 cm lange Stücke schneiden. Form fetten. Ofen auf 180° vorheizen.

4 | Den Teig ausrollen. Den Boden und den Rand der Springform damit auslegen. Erst den Pudding, dann die Rhabarberstücke darauf verteilen. Die Rhabarberstücke etwas in den Pudding drücken. Den Kuchen im Ofen (Mitte, Umluft 160°) 50 Min. backen.

für Gäste im Spätsommer

Zwetschgendatschi

FÜR 1 BACKBLECH

➤ **Für den Teig:**
250 ml Milch
1 Würfel Hefe
100 g Zucker
500 g Mehl
1 Prise Salz
50 g Butter

➤ **Für den Belag:**
2 kg Zwetschgen
4 EL Semmelbrösel
3 EL Zimt und Zucker
Fett für das Backblech

Zubereitung: 45 Min.
Ruhezeit: 30 Min.
Backzeit: 35 Min.
➤ Bei 20 Stück pro Stück ca.: 190 kcal

1 | Die Milch erwärmen. Die Hefe zerbröseln und mit 1 TL Zucker in 1/8 l Milch auflösen. Den Teigansatz 10 Min. gehen lassen, bis sich Bläschen bilden. Hefeansatz mit den übrigen Zutaten zu einem glatten Teig verkneten. Den Teig an einem warmen Ort 30 Min. gehen lassen.

2 | Die Zwetschgen waschen, aufschneiden und entsteinen. Backblech fetten. Backofen auf 200° vorheizen.

3 | Den Teig auf das Blech geben, ausrollen und mit den Semmelbröseln bestreuen. Die Zwetschgen schuppenförmig auf dem Teig verteilen. Mit Zimt und Zucker bestreuen.

4 | Den Kuchen im Ofen (Mitte, Umluft 180°) 35 Min. backen. Schlagsahne mit Vanillezucker dazu reichen.

◄ *im Bild vorne:* **Zwetschgendatschi** *im Bild hinten:* **Rhabarberkuchen**

Glossar

Bibelis-Käs
Eine Art Kräuterquark, der gerne zum Vesper verzehrt wird (s. S. 11).

Buabaspitzla
Das sind von Hand gerollte Nudeln aus Kartoffelteig. Sie sind auch als Schupfnudeln oder Fingernudeln bekannt und werden mit süßen oder pikanten Beilagen verzehrt (s. S. 24). Und wenn's mal schnell gehen muss: mittlerweile finden Sie Schupfnudeln auch in guter Qualität im Kühlregal Ihres Supermarkts.

Dampfnudeln
Hefeklöße, die im geschlossenen Topf auf dem Herd oder in einer Auflaufform im Backofen gebacken werden. Man füllt sie gerne mit Obst, zum Beispiel mit Aprikosen (s. S. 49). Es gibt Dampfnudeln auch als pikante Variante.

Dinnete
Schwäbische Pizza aus dünn ausgerolltem Hefeteig mit saurer Sahne, Zwiebeln, Speck, Kümmel oder Schnittlauch belegt. Dinnete wird auf dem Blech gebacken und dann geschnitten serviert (s. S. 21).

Filderkraut
Das ist traditionell Spitzkohl, der auf der Filderebene südlich von Stuttgart angebaut und hauptsächlich zu Sauerkraut verarbeitet wird. Mittlerweile wird meistens der klassische runde Weißkohl zur Sauerkrautherstellung verwendet.

Flädle
Dünne ausgebackene Pfannkuchen, die entweder in feine Streifen geschnitten als Suppeneinlage verwendet werden oder als Ganzes gefüllt werden (s. S. 14).

Fleischküchle
Frikadellen mit reichlich Brötchen im Teig (s. S. 35).

Gaisburger Marsch
Eine Suppe mit Spätzle, Kartoffeln und Rindfleischeinlage (s. S. 17), die angeblich aus dem Stuttgarter Stadtteil Gaisburg stammt. Man erzählt, dass er das Lieblingsgericht der »Einjährigen« war, die immer am Sonntag von ihrer Kaserne zu einem Gaisburger Wirt pilgerten, der diesen Rindfleischtopf mit Kartoffeln und Spätzle kreiert haben soll. Daher die Bezeichnung Gaisburger Marsch.

Grießschnitten
Gebackene Schnitten aus Grießmasse. Sie werden süß und in einer pikanten Variante zubereitet (s. S. 19).

Hollerküchle
sind Holunderpfannkuchen (s. S. 47). Dazu werden Holunderblüten in Pfannkuchenteig getaucht und ausgebacken. Der wilde Holunder blüht überall im Mai/Juni.

Kalbsvögele
nennt der Schwabe gefüllte Kalbsrouladen. Sie werden auch gerne kalt für kalte Platten verwendet. Traditionelle Füllung ist Kalbsbrät, es gibt aber auch andere Füllungen (s. S. 39).

Kässpätzle
Das schwäbische Nationalgericht schlechthin. Dazu werden die Spätzle abwechselnd mit Käse lagenweise in eine Form geschichtet (s. S. 27).

Knöpfle
Das sind runde Spätzle. Knöpfle kommt von Knopf, was im Schwäbischen ein Knoten ist. Sie werden hergestellt mit Hilfe von Spätzlehobeln ohne »Ohren«. Manchmal werden auch kleine Klöße Knöpfle genannt, beispielsweise aus Grieß- oder Hefeteig, die mit der Hand geformt und in siedendem Salzwasser gegart werden.

Kratzete
ist ein lockerer dicker Pfannkuchen, der in der Pfanne in Stücke gerissen wird. Es gibt ihn in süßen und pikanten Variationen (s. S. 23).

Krautkrapfa
Mit frischem Weißkohl oder Sauerkraut gefüllte Nudelteigrollen. Krautkrapfa werden auf beiden Seiten gebacken und in Brühe gar geschmort (s. S. 42).

Krautwickel
sind Kohlrouladen mit einer Hackfleischfüllung (s. S. 40).

Maultascha
Teigtaschen aus Nudelteig mit Füllung (s. S. 30 u. 33). Die Füllung besteht traditionell aus Spinat, Brät oder Hackfleisch, der Küchenfantasie sind jedoch keine Grenzen gesetzt. Die Bezeichnung Maultaschen kommt vom Kloster Maulbronn. Dort wollten die Mönche während des 30-jährigen Krieges in der Fastenzeit das Fleisch vor dem Herrgott in den Teigtaschen verstecken. Daher sind sie auch als »Herrgottbscheißerle« bekannt.

Nackete Mariele
Das ist eine besondere Form der Buabaspitzla oder Schupfnudeln. Der Kartoffelteig wird dafür ohne Ei bereitet und die ausgeformten Nudeln werden in der Pfanne in Butter bei sanfter Hitze gegart. Sie bleiben gelb und werden nicht goldbraun gebraten (s. S. 23).

Nonnenfürzle
sind in Fett ausgebackene Brandteigkrapfen, deren lustiger Name auf das mittelhochdeutsche »nunnekenfurt« zurückgeht, was so viel bedeutet wie »von Nonnen gemacht«.

Ofaschlupfer
Ein süßer Auflauf aus Äpfeln und altbackenen Brötchen, der mit Eiermilch übergossen und gebacken wird (s. S. 51). Versuchen Sie es in der Saison mit Kirschen, dann heißt es Kirschenmichel und ist mindestens genauso gut. Ursprünglich war der Ofenschlupfer ein klassisches Restverwertungsessen, um die alten Brötchen noch zu verwenden.

Pfitzauf
Ein luftiges Eiergebäck, das in speziellen Keramikformen mit runden Vertiefungen gebacken wird (s. S. 51). Es wird meistens als Dessert mit Kompott serviert, passt aber auch zum Nachmittagskaffee statt Kuchen.

Ripple
Kasseler Rippchen. Beliebt mit Sauerkraut und Brot (s. S. 39).

Saitenwürste
Leicht geräucherte Brühwürstchen. Außerhalb Schwabens einfach durch Wiener Würstchen ersetzen.

Seelen
Das sind Hefebrotstangen in der Form eines Oberschenkelknochens (s. S. 21). Der Name geht auf den Allerseelentag zurück. An diesem Tag wurden die »armen Seelen« bewirtet und man legte Allerseelenbrot und Wein auf die Gräber. Aus Allerseelenbrot wurde im Lauf der Zeit die Seele und die Bäcker in Schwaben backen es heutzutage täglich.

Spätzle
schwäbisches Nationalgericht aus Mehl, Eiern, Salz und Wasser (s. S. 8).

Zwetschendatschi
Zwetschgenkuchen mit Hefeteig (s. S. 57).

Zwiebelroschtbrota
Gebratenes Roastbeef, das mit reichlich gerösteten Zwiebeln serviert wird (s. S. 37).

Zum Gebrauch

Damit Sie Rezepte mit bestimmten Zutaten noch schneller finden können, stehen in diesem Register zusätzlich auch beliebte Zutaten wie **Äpfel** oder **Käse** – ebenfalls geordnet und **halbfett** gedruckt – über den entsprechenden Rezepten.

Die Autoren

Karola Wiedemann stammt aus einem Bauernhof im Allgäu. Sie studierte Haushaltswissenschaft und arbeitet heute in Münster als Journalistin und Referentin mit Schwerpunkten Haushalt, Garten und Familie. Darüber hinaus setzt sie sich engagiert für Umweltschutz und gesunde Ernährung ein.
Martina Kiel ist Diplom-Oecotrophologin. Sie macht Öffentlichkeitsarbeit in den Bereichen Landwirtschaft, Ernährung und Dritte Welt. 1993 gründete sie in Münster den ökologischen Bauernmarkt. Seit 1994 betreibt Martina Kiel einen Vollwertimbiss.

Der Fotograf

Der individuelle, atmosphärenreiche Stil von **Michael Brauner** wird überall geschätzt: in der Werbung ebenso wie in vielen bekannten Verlagen. In seinem Studio in Karlsruhe setzt er die Rezepte zahlreicher GU-Titel stimmungsvoll ins Bild.

Bildnachweis

Titelbild:
Jörn Rynio, Hamburg;
alle anderen:
Michael Brauner

Danke!
Wir danken der Firma Silit für ihre freundliche Unterstützung.

Programmleitung:
Doris Birk
Redaktion: Alessandra Redies, Cora Wetzstein
Lektorat:
Bettina Bartz
Satz:
Verlagssatz Lingner
Umschlaggestaltung, Layout, Typografie: independent medien-Design, München
Herstellung:
Gloria Pall
Reproduktion:
Repro Ludwig, Zell am See
Druck und Bindung:
Kaufmann, Lahr

ISBN 3-7742-6890-8

Auflage	5.	4.	3.	2.	1.
Jahr	2009	08	07	06	05

GRÄFE UND UNZER

Ein Unternehmen der
GANSKE VERLAGSGRUPPE

DAS ORIGINAL · GU · MIT GARANTIE

Das Original mit Garantie

Ihre Meinung ist uns wichtig. Deshalb möchten wir Ihre Kritik, gerne aber auch Ihr Lob erfahren. Um als führender Ratgeberverlag für Sie noch besser zu werden. Darum: Schreiben Sie uns! Wir freuen uns auf Ihre Post und wünschen Ihnen viel Spaß mit Ihrem GU-Ratgeber.

Unsere Garantie: Sollte ein GU-Ratgeber einmal einen Fehler enthalten, schicken Sie uns das Buch mit einem kleinen Hinweis und der Quittung innerhalb von sechs Monaten nach dem Kauf zurück. Wir tauschen Ihnen den GU-Ratgeber gegen einen anderen zum gleichen oder ähnlichen Thema um.

GRÄFE UND UNZER VERLAG
Redaktion
Kochen & Verwöhnen
Postfach 86 03 25
81630 München
Fax: 089/41981-113
e-mail: leserservice@graefe-und-unzer.de

DER TEIG MACHT'S

- Entscheidend ist die richtige Teigkonsistenz: Ein weicherer Teig lässt sich zwar besser durchdrücken, aber die Spätzle verkleben nach dem Herausdrücken schneller als bei einem festeren Teig. Nach dem Pressvorgang die Spätzle sofort im Wasser umrühren, damit sie nicht zusammenkleben.

Geling-Garantie für Maultaschen & Co.

WASSERDICHTE MAULTASCHEN

- Maultaschen halten besonders gut zusammen, wenn Sie die Ränder vor dem Zusammenklappen mit Wasser, Eiweiß oder Eigelb bestreichen.

WARM-UP FÜR SPÄTZLE

- Spätzle in der Pfanne in heißer Butter schwenken.
- Größere Mengen Spätzle auf das gebutterte tiefe Backblech geben und bei 100° im Backofen 20 Minuten erhitzen.
- Spätzle im kochenden Wasser 1 Min. ziehen lassen. Im Wasser höchstens 5 Min. warm halten, sonst werden sie teigig.

GEKOCHT ODER GEBRATEN?

Die Schupfnudeln können auf dreierlei Art zubereitet werden:

- In Salzwasser kochen und dann in Butter braten,
- direkt in der Pfanne goldgelb braten,
- auf einem gut gefetteten Blech, mit flüssiger Butter bepinseln und im Ofen goldgelb backen.